JN441210

봄 도다리

봄 도다리

이상금 첫 시집

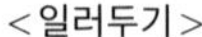

<일러두기>

* 본문에서 >는 '단락 공백 표시'로 한 연이 새로 시작된다는 표시입니다.

이른 봄에 띄우는 글

해마다 2월의 캠퍼스, 인문관 앞 매화, 안쓰럽게 피고자 하는 고갯짓으로 설익고 낮은 웃음소리를 들려준다. 그렇지만 혼자만의 세계를 열어가는 그의 언어에서 대상을 분간하지 않는 매정함이 묻어난다. 애써 이른 봄날의 서정을 느끼고 싶은 초라함이 어쩌면 아픈 기쁨인지도 모를 일 아닐까?

가냘픈 줄기 하나로 티 없이 샛노란 꽃몽우리를 받치고 있는 수선화, 연푸른 잎사귀로 바람이 불면 쉬이 쓰러질 듯 흔들린다. 마당가 매화꽃 아래 봄을 알리던 한 다발의 수선화 … 내가 사랑하고픈 … 내 가슴을 터질 듯이 만들었던 그녀에게 단 한 번 건네었던 꽃송이는 빛바랜 흑백사진 첫사랑 얼굴을 아직도 기억하고 있을까?

문학을 가르치고, 평론을 하면서 (외국)문학자로서 갖는 한계는 분명했다. 창작자의 입장이다. 작가는 무엇을 어떻게 써야만 하는가? 그렇다면 가르치는 사람은 어떻게 무엇을 말할 수 있어야만 하는가? 이러한 회의가 줄곧 나를 괴롭혔다. 뒤늦게 10여 년 동안 시를 써 보고, 수정도 되풀이하였지만, 부족한 점은 그 끝을 보여주지 않는 것 같다.

계기는 큰아들로부터 비롯되었다. 초등학교 때 부산교대 백일장에서 쓴 시가 애비의 마음을 움직였다. 아내와 둘째 녀석은 지금도 "제발 좀 쉽게 써라"는 충고를 그치지 않는다. 이것만큼 어려운 게 없다. 그래서 더욱 고맙다. 또한 이 자리를 빌려 나를 이끌어주신 선생님과 시 쓰기를 계속 할 수 있게끔 용기를 주신 ≪시와시학≫, 그리고 가까운 분들께도 충심으로 고마움을 전합니다.

2014년 봄 이상금(李相金)

(계간 ≪시와시학≫ 봄호 등단소감)

이처럼 그때 고마움을 전하고, 시를 계속 쓸 수 있도록 용기와 기회가 주어졌음에도 불구하고 많은 세월을 허비하고 말았다.

무엇보다 일상의 굴레를 벗어날 수 없는 삶이 핑계거리였으리라. 게다가 차일피일 어영부영 미루다가 일흔을 넘겨서야 철이 든 것일까? 마침내 자신의 민낯을 이 한 권에 담아 보여 드리게 되었다.

2025년 음력 섣달

이상금(필명: 생금生金)

차례

제2부 바다로 바람난 나그네

제3부 계절은 다니던 길이 아니면

제4부 끝 모를 달음박질 길

제1부

산그늘 끝날 그쯤

금송(金松) 마을

도다리 가족

할애비 때부터 그랬다
쉽게 찢어지는 그물로
봄 도다리 잡아 살아가는 어부

바람이 그물에 걸리지 않으니
파도도 그물에 담기지 않는다
새벽안개 두들기기 몇십 년
외톨이 별들만 놀다 가는 바다

벌거숭이 아침 맞이할 때마다
배고픈 아낙의 동구 밖 손짓을 좇아
작은 미소로 다가서는 고깃배 사내

가을 광어 닮고 싶은 자식이 다섯
서로서로 손길눈길 번갈아 가며
오른쪽 눈과 왼쪽 눈을 맞추는 사이

가끔씩 엇갈리는 눈동자들
이따금 커져 가는 웃음소리

아버지의 아버지

아버지를 찾아가는
아버지와 함께
낯설기만 한 묘지 앞에
우쭘하게 선
아들과 아들의 아들

아버지가 고개 숙인 어깨 너머
초가을 햇살이 산줄기 숨결 다듬고
가까이서 멀리서 천수답 일구던
아버지의 아버지가 허리를 편다

뻗친 손가락으로 가리켜
푸른 바닷길 만들면
길은 무수한 언어로 출렁거린다

할아버지의 아들
할아버지의 아들의 아들
끊어졌다 이어졌다
끝 모르게 흘러간다

사내 녀석

바람난 태풍이 밤사이
물씨를 한없이 뿌렸던
이른 아침 금정산 기슭

메말라 앙상하게 드러나도록
얽킨 나무뿌리 설킨 돌부리며
잊혀져 눈길마저 외면한
깊게 패인 오르막길에도

쿨펑쿨펑 우루루
쏟아지는 물줄기 물소리

사내 녀석들 담박질처럼
올방톨방 뽐내며 으스대는
맑고 밝은 얼굴들

언제 또 그렇게
귀엽게 뒤뚱뒤뚱
애비 가슴으로 달려오려나

팔순 어머니

바닷가 안개 걷힌 조금날
병인년 사월의 푸름이여
야무진 처녀가 동무 찾아
시집살이 허리춤에 끼고

논두렁 끝나는 산자락 돌아
치자꽃 처연한 향기를 꺾어
대들보 구석에 걸어두었지

살랑살랑 실바람 틈으로
뒤따라 오동나무 그림자
처마 비켜 축담에 걸치네

비빌 언덕 기대어 비비적거리는
누렁소 눈망울에 비친 보리타작
앞마당 가득 봄 햇살 쓸어담는다

어린 엄마의 푸른 탄식 곁에서
자랐던 자식들 떠나간 지 오래
>

여든 생일날 마당
어머니를 업을 때
세월의 흔적도 사라지고
티끌 같은 미련조차 없는

삼천갑자 동방삭 숯 이야기
석순이 복 이야기만 남긴다

군밤의 꿈

봄소식 넘쳐나는 싸릿대 지게
징검다리 건너 마을에 이를 때
안개비 파도가 바위섬 보채고
그는 홀로 황토길 밭두렁 따라
늦은 밤 밤꽃 향기에 취한다

바람둥이 장마가 바람결에 여름을 훔쳐
도심 가로등 아래 어슬렁거리고
고향 산기슭 솔가지들 웅성거리는 사이
황금 들녘은 가을을 옆구리에 끼고 돈다

닳아빠진 계절의 이음새마저 소식 끊고
목마른 상수리며 옻나무가 분칠하면서
호롱불 밝혀 스쳐지나는 달빛 돌려세우니
철새마저 날개옷 추스르고 잠자리 튼다

꾸욱 눌러쓴 군밤 장수 모자 하나
매서운 바람 리어카 바퀴다리에 쓸리고
초록 꿈 오그라드는 화롯불 가마
두르고 포개어 감싸안은 온천극장 골목

겉옷 하나 더 걸치고 까만 숨소리 토하니

아무런 일도 없었다는 듯
아물지도 않은 상처가 뒤집히고
속살마저 타들어 갈 즈음
뒹굴어 노랗게 익는 모습
군밤이 꾸는 따뜻한 꿈이랴

이모

큐슈 구마모토에는
팔순 넘긴 이모가 산다

어머니가 사촌 언니를
그리워하던
시집살이는
친정의 몰락이 뼛속 깊숙이
절어 있건만

오늘도 희미한 기억 되살아나
꺼억꺼억 허망한 눈물 세상
소녀가 되어 이국을 향한다

그곳에 우연히 들리는
아들한테 무엇으로 인사할거나

벼메뚜기 들녘

꽃내 마을 고구마밭에
황토색 가을빛 물들면
먼바다 감성돔 떼 지어
더 푸르게 더 가까이
해안가로 쓸려오고

유년의 추억이
동화로 바뀌어
어릴 때 고향길 접어들듯
알록달록 둘러쌓은 단풍
드문드문 들리는 새소리

겨울이 오기 전에
떠나버릴 것 같아
온전한 숨결을
느끼는 한순간
벼메뚜기로 남아

텅 빈 가슴에 담아 두었던
빛바랜 추억 달래는 들녘

뒷집 할머니

동짓날 사립문 밖에
동장군 보초 세우고
할머니들끼리 오손도손
코흘리개는 졸며 귀동냥

처녀 시절 먼 날 얘기
선비 차림 도깨비의 하얀 얼굴
갸름한 몸 도포자락 님과 함께
첫사랑 그리움도 잠시

마을 길 끝나는 곳에서
찌든 기다림을 쉬도록
부여잡던 뒷집 할머니
뒷산 소쩍새 우는 어느 밤

이승과 저승마저 떨치니
모질고 질긴 세상
먼저 간 아들을
돌아오지 않는 사랑을
가슴에 묻고 다시 묻는다

>

호미로 지심 뽑힌 밭고랑처럼
말라비틀어진 눈가 눈물 고여
통곡의 씨앗이 텃밭에 묻힌다

섣달 서리 내리는 밤 백발 할머니
하얀 박나물 홀로 하얗게 먹는다

어바리와 짐둥이

다가서면 멀어지고
멀어지면 가까이서
손짓하는 백록담 전설
파란 하늘마저 산산히 깨트려
하얗게 사그러진 비바리 눈물

성판악 산오름 눈길
가쁜 숨결 파묻히는 발자국
이른 봄날 헤쳐가며 산자락
어줌스레 부여잡은 어바리

가다가 쉬고 쉬다가 오르면
짐둥이* 앞서서 그림자 길 내어
푸름을 쓸어 담는 바람결 실려
여린 섬처녀 가슴에도
뾸사슴 눈가에 어리는

그리움을 파먹다 굳어버린 고사목
떨며 추위 감싸는 앵당꽃 안쓰러워
어바리는 짐둥이 옷으로 갈아입고

짐둥이는 어바리 애써 둘러대는 척
자꾸 떼쓰다 바닷가로 향하는 길섶

봄 따라 사랑 따라 둘이서만
찾아가는 검은 돌집 문간방

* '짐을 짊어진 사람'을 줄여 이름한다.

영감

푸르름이 남아도는
머언 들녘 끄트머리
어머님의 긴 기다림
산그림자 되었다네

입말 하나 손짓 하나 힘들던
중환자실 홀쭉한 영감 같아
강풍에 드러누운 배를
힘겨웁게 일으켜 본다

산기슭 밭고랑에 땅거미 쉬이 찾아들고
흙 묻은 발가락 텅 빈 마을 더듬는 동안
자식들마저 소식 아득 어둠에 잠기는 집

평생이 반평생 지나가니
늙음이 젊음으로 바뀌는
마음속 아렴풋하게
저승으로 떠나보낸 이부자리
둥그렇게 비어 있다
>

깊어가는 늦은 밤 남서쪽 골짜기
쏟아지는 별빛 외로움을 적시건만

먼 새벽을 여는
빈 가슴의 빗장엔
쉼 없던 일상이
옛님 그림자로 아른거린다

어쩌다

뒷산 산마루에 걸린
초저녁 달을 붙잡고
어쩌다
울어 본 적 있었던가

저 달이 사라지고
달 따라 쫄랑대던
별들이 잠들어
짙어지는 어둠

숨기고 감추는 그걸
어쩌다
어느 봄날에서야
수줍어 들켜버린

덕지덕지 머슴애
숭숭한 무명 바지
땟국 색동저고리
문득 떠오르는 날

>

어쩌다

잊힐 리 있으랴

마른 꽃

장마가 물씨를 수시로 뿌리고
젖은 햇살도 가끔 얼굴 내민다
그들이 졸음에 겨워 통나무집 창밖
처마에 마른 꽃 하나 걸어 놓았네

숨죽여 별똥별 세며 수군거리는 밤
개구리 볼멘소리 눈칫밥 먹고 자란
수숫대 훌쩍 키를 키웠지
물소리 젖은 달빛마저 삼키던 칠흑

바람끼 뒤섞인 쉰 목소리
분칠해서 촌티 나는 얼굴
금샘로 먹자골목 생선 장수
운동화 청바지 차림으로

남해 바다 남쪽 바위섬 어르는
하얀 치자꽃 향기에 사무쳐
볼락 뼈다귀 젓가락으로 거둬
잘 구워진 속살 파먹고 있다
>

한여름 처녀가 빗물 머금고
메마른 총각 그리움 적시니
장마가 가끔 빗길 벗어나도
젖은 꽃들은 마를 날이 없네

이발소 그림

계절이 모두 어우러져 있다
아니다 그들끼리
다투다 뒤죽박죽 엉클어졌지

봄꽃이 가을 단풍 내쫓고
겨울나무 서넛이
한여름 시냇가에
언 발 녹이듯
속곳 드러나는 허벅지
더듬어 판타지fantasy를 만드는가

째깍~째깍
머리털 무너져 내리는
황토길 굽어진 곳에서
이발사 아내가
헐벗은 몸으로
저녁놀 가리키고 있다

어느새 계절은 흔적 없이 사라진다
>

밤을 용서하지 못할
화려한 그림 속에는
잠 못 이루는 그리움
아픔이 숨겨져 있다

멋쩍게 미소 띤 나그네 귓가에
장작불 타들어가는 소리
밤잠 설치는 부엉이 울음
달빛 아래 범선으로 너울거리고

먼 산봉우리 눈 녹아
고향 마을 개울 따라 징검다리
무정하게 흘러가네

이발소 그림이 사라지던 날
남루한 단골 손님 하나가
막걸리 한 사발 쭈욱 들이킨다

풍경 소리

산그늘 끝날 그쯤
능선에서 어둠은
잠시 서성거린다

쌓인 햇살을 털어버리듯
나무끼리 허리춤을
한 번씩 뒤틀면
몸짓은 산길 풀어버리고
소리 곁으로 귀 기울이니

소년이 밟고 가는 발걸음에
화들짝 깨어나는 숲
작은 소리도 거두어들이는
보금자리 산새 가족

말없이 작은 돌덩이들
조금씩 길을 만들고
동자승 칠흑에 묻히자
길이 하얗게 트이네
>

숲길 오솔길 빠져나올 즈음
겹겹이 둘러싼 적막이
성담사 풍경 소리를 깨우네

어둠도 깊어질 만큼
깊어야 맑은 소리 되는가

옥수수 1

봉수집 아이들이 삼베 이불
걷어차 아랫배 드러내면
에미는 자던 잠 밀치고
이빨로 자꾸 끌어다 덮는다

꿈결로 쏟아내는 하얀 이야기
홑이불 뒤집어 쓴 동화의 세상
엮어가다가 남기는 침 자국들
고추밭 아래 옥수수들 삐죽삐죽
파랗게 하얗게 몸통을 키워가지

말벌이 물어뜯어 상처 덧나고
이빨 감추어 굳게 다문 원망이
가지런하게 속내를 채울 즈음

솔바람 노래가 피곤한 별빛 붙잡아
뒤엉켜 몸부림 소리 높이는 여름밤
옥수수는 엉클어진 머리털 빗는다

하지가 내버려둔 달포 가량

차곡차곡 끌어안아 겉옷 챙겨
매미 울음소리 먹고 자란 듯
원두막 아낙 낮술에 취하네

옥수수 2

장마가 끝나가는 여름밤
개구리 떼 지어 개굴개굴
귀찮아 귀 틀어막고 자란
옥수수 덧니 여럿 돋아나고

매미가 버린 칠월의 햇살
깨문 입가에 풋풋한 냄새
배는 불러오고 젖가슴 자꾸 커진다

입덧으로 헛구역질하는 이빨 틈으로
녹색 바람 이따금 머물다 떠나면
마침내 동화童話의 문이 닫히고
한 톨 한 톨 하얗게 꿈꾼다

꿈 깨는 해마다 이맘때면
새끼들은 거리로 쏟아져 나오고
백일홍 호박꽃 아우성치며 파고드는
웃음소리에 실려 가는 개구리
매미와 어깨동무한다
>

애비를 닮은 놈 하나도 보이지 않고
원두막 주인 닮은 그들의 모습만

옥수수 3

한 꺼풀씩 겹겹이 몸뚱이 감싸며
여름날은 그렇게 분주한 아낙네
몸매에 홀린다

한 꺼풀씩 껴입은 옷가지 챙기니
여름밤은 그렇게 숯향기 삼겹살
구이로 달군다

소주 한 잔 목구멍 적시고
하얀 이빨들이 차곡차곡 날 세울 때마다
밭이랑 사이로 부는 바람은 늘 괘심掛心하다

매듭지어 머리칼 헝클어뜨린 채
몽롱한 낮술에도 하고 싶은 말들
어설픈 언어가 빼곡히 익을 즈음

다리가 흐트러지고 어깻죽지는 길섶으로
농사용 전기계량기 느릿하게 돌아만 간다

마라도의 낮달

닳아빠진 문고리 설움이 묻어나고
푸르다 못해 이승까지 멍들게 한
바다가 끝나는 저승의 문턱에
반쯤 멈춘 섣달 열하룻날 낮달

별신굿 진혼鎭魂에 떠도는 망설임도
여인의 푸른 울음소리 되어
한라산 밭이랑 발가락 되어
검은 바위로 변하는 기다림
새가 시인이고 어부가 신선神仙인 섬

눈 많이 내리던 어느 겨울날에도
그리움으로 갓굴되는 비바리 꿈
밤마다 바다 깨우는 바람과 별과 함께
풋사랑 뒤로한 채 떠나야 할 사람

끝끝내 다 벗겨지지 않을 색정色情으로
밤새 알몸으로 뒤척이는 마라도는
바다가 하늘로 바뀌고 밤하늘 하얗게
이별을 마련할 때까지 자리를 지키네

제2부

바다로 바람난 나그네

바다울타리

어부의 나라에도 비는 내린다

잊혀진 포구 삼천포
하루 종일 비바람에 젖는데
섬을 향한 눈짓이었나
뭍을 향한 몸짓이었나

이어지다 끊어지다 사라질 뱃길
하나 둘 다섯의 이음다리들
맨발로 뛰어갈 길 하나 만드니
늑도 초양도 청선도마저 출렁이네

만나고 헤어지는 선착장
해무海霧가 발자국 지우면
뱃고동은 늘 표정을 비틀었지
방파제 등대만 알 수 있는
밑바닥 티끌 같은 이야기

바다가 검은 섬 끼고 돌듯
허깨비 같은 삶
미치고 헷갈리는 세상이
바다의 언어로 쉼 없이 덧칠하는

갯바위 파도와 바람과 들녘

몸뚱아리는 흠뻑 초록 빗물
달리는 길 굽이굽이 치달아
발길 하나하나에
부서져 오월의 물 속으로
잠기는 삼천포

어부가 건져 올리는 그물코마다
밤잠 설친 도다리들의 들리지 않는 비명
어부의 나라에도 비는 내린다

전어錢魚

매미들 아우성에 실성한 여름
가슴 쥐어박고 머리채 쥐어뜯으며
검붉은 노을로 갯벌 짓밟는 사이
생선 냄새 가덕도 어촌을 뒤덮고
기다림에 멍든 남쪽하늘 무너진다

사방천지 두터운 어둠 베어먹듯
초가을 밤바다 멀리 집어등 하나
파도 따라 솟구치고 가라앉으니
만조까지 휩쓸렸던 뱃길에는
툭툭 불거진 눈동자들 빼곡하다

뭍으로 바다로 손사래 휘감아
푸른색 붉은색 징소리 부수고
방파제 등대에 홀로 선 무당
청년 어부를 잊은 지 언제인가
오늘도 주변을 맴도는 전어 한 마리

태풍과 노모

바다 바닥까지 훑치고 간 태풍의 끄트머리
갱번에 어지러이 널려진 청각을 주워
아침 밥상에 챙겨놓은 찌든 입맛의 늙음이여

얼굴색 달리한 바다색 하늘과 바람
불어난 도랑물 틈 사이로 햇살 함께 묻혀가고
쓰러진 희망을 깨 밭에서 세우면서
때 없는 허기虛飢를 채운다

흔하던전화마저없는이번무소식에불안스레안부근심
속태우고애타는홀어미이름도모르는먼바다에태풍은
무사했을까
한가닥목숨일랑배밑창에매달아두고가슴까지퍼붓는
바람비소리밤새문고리부여잡고마른눈물적시었건만

뉘라서 질긴 목숨 애비처럼 대신할꼬
모두가 떠나 홀로 지킨 빈집
이제 아궁이에 남은 불기도 젖어버렸네

밤이라서 외로울거냐

혼자라서 적적하더냐
등외等外 양파값 품삯으로 밀쳐놓고
두엄으로 썩히는 마늘 속처럼
어둠은 늙음을 근심으로 녹인다

아방과 어멍

서러워 시리게 달그락대는
제주 서귀포 바닷가 몽돌
비취색 바다 검은 바위틈에
소담스레 뒹구는 봄빛이
동화로 바뀌는 늦은 봄날

하루 끝난 그물걷이에서
어부가 전해주는 꽁치잡이 전설
손끝에서 목소리로 답하던 기쁨

누구인가, 아! 그대는
영원히 다가설 수 없는 설레임
서럽게 잠긴 검은 수평선 위로
붉게 떠오르는 열이레 둥근달

비우고 채우려고 허둥대지만
끊을 수 없는 살풀이 같은 삶
어울리다 잊혀져야 할 사랑
하얀 아방 검붉게 물든 어멍

>

갈옷 섬처녀가 펼쳐놓는

칠흑 바다와 어부와 고기

투명하게 부서지는 파도

자지러지는 새벽이면

힘들게 눈뜨는 보라색 나라

바닷가 마을

봄날 여린 개나리 꺾어
해당화 그리워할 즈음
선무당 여름살이 하듯

가고 오는 인연
바닷게 발걸음 따라
썰물로 새기고
밀물로 씻기는 갯벌

갯바위 숨은 전설 찾아
섬마을 우연히 들리는
철 지난 광어 한 마리가
지느러미 휘젓거리며
발자국을 새기고 있다

오시리아 밤바다

화려하기에 야속한
네온사인 불빛 비켜
심술궂은 어부들 이야기

낯익은 모래길 따라
뒤처지듯 다가서면
파도가 마련하는 밤 노래

만나서 헤어질 때마다
매듭짓고 다시 풀며
잊혀져 외면하는 밤바다

손도 죽방렴竹防簾

걸친 옷가지 아무렇게나
동산에 벗어던지며 울고 있는 손도* 바다
머리카락 풀어 헤친 채 나뒹굴다가
살색 허벅지 드러내는 쪽빛 길목
밀물과 썰물이 사립문 찾지 못하도록
입구와 출구가 어딘지 알지 못하도록
입춘이 미역을 기르고 참나무 말뚝 박으니
입추는 칠석을 기다려 대나무 발 둘러친다

금쪽 같은 몸짓으로 말문 틀어막고
백옥 같은 팔뚝으로 쓸어안으면
덫에 걸려 함정에 빠져 새끼들 낳으니
아이들 파란 아우성으로 젖가슴 파고들며
에미도 모르게 헛바람 든 멸치 떼들은
애비 안부는 사리 조금날에 맡기고
토라진 눈망울로 고향길 빠져나간다

끊이지 않는 고함 다투는 파도 소리
흐르는 달빛에 스쳐 젖은 밤바람
발막**의 신음 소리도 들리지 않게

쏜살같이 내닫는 물길따라
죽방렴 아가리 가쁜 숨 몰아쉬면서
가지런히 어금니 드러내면
개불이 갯가 횟집 근처를 기웃거린다

진눈깨비 흩날리는 겨울날에도
출렁이는 바위섬으로 뱃길 내는 낮달
파도는 뭍을 향해 층층이 계단 이루고
물결은 미욱스레 그리움 되새김질하며
노을이 비켜서는 가장자리 따라
다듬지도 않은 목덜미 돌려가며
서로 어긋나게 입술과 이빨과
혓바닥을 지금도 맞추고 있다

* 경남 남해도 지족과 창선도 지족 사이에 놓인 좁은 바닷길. '좁다'는 뜻의 '솔다'에서 비롯한 '손'과 물결이 쏜살같이 회돌아 내달리는 바다의 길목을 뜻하는 '~돌목'이 결합된 것이지만, 이후 어부의 입에서 입으로 전해지면서 오늘날 '손도'로 불려지고 있다.

** 이곳 어부들은 옛부터 '죽방렴'이라 부르지 않고, 그냥 '발'이라 불렀다. 고기를 거두어 처리하기 위해 임시로 기거하는 막사(幕舍)를 일컫는다.

바다 하지夏至

한 해가 반으로 꺾이고
달빛 그림자 바뀔 때면
바다는 숨을 죽이고
태양은 한숨 돌린다

끝을 알 수 없는 세월도
되풀이 허물 벗어 던지기에
어쩌다 진절머리 났을까

망각과 기약으로 떠도는
자의 아픔처럼 무능한 걸
빗대어 노래하는 것일까

그냥 마칠 수 없는 일처럼
홀로 버둥대는 세상
하지는 쉼표가 아니더라

선창가 겨울 길

뼛속 추위를 포개는
항구의 가로등 불빛

진눈깨비 내리고
갯바람 사정없이
얼굴을 내리쳐도

선창 안벽 공사장
잡일까지 끝내고
떠나는 부두 일꾼

언제든 어디서든
바닷가 겨울 길은
침묵하는 동반자

만남은 이별이 있어

아직은 이르다
내 너를 님이라 부르기는
아니다
넌 이미 완숙한 님이다

너의 소리 들으며
너의 뜨거운 입김 느끼며
발바닥으로부터 전해지는
열정의 몸짓을
주체하지 못해
거부하지 못해

넌 나를 님이라 부르지 않지만
언제나 묵묵히 만남을 받아들이고
난 둘이 아니라 하나일 뿐이지
너를 둘로 묶어두는 이가
약속한 세월 마냥
당당하게 이별을 노래한다

부산행 기차가 다가서는

중앙동 국제여객선 뱃머리
초겨울 바다가 노을에 후들거리면
부둣가 가로등 불빛 하나 두울
손전화 꺼내 높이 쳐들고
선달 초나흘 달과 별들에게
문자 메시지 보낸다

바다울타리

노을인가 해돋이런가
시간 공간 버무리다가
그 대상마저 헷갈리지

바닷길 끝자락에서 멋쩍게
경계 짓고 만들기 쉼 없건만
만나자 떠나기는 버릇처럼
밥 먹듯이 잊고 아쉬워하는

기다림은 허망한 것일까
멀어짐은 차분한 짓일까

때론 왜가리 찾아오고
가끔 감성돔 기웃기웃
하늘은 변덕쟁이
바람은 심술쟁이

그렇다고 고독은 줄지 않고
침묵 또한 깨지지 않으리라
>

누가 왜 울타리 세워놓고
입구도 출구도 없앴을까

바다로 바람난 나그네 탓인가
뭍에서 묻어버릴 사연 때문인가

허벅지 젖꼭지 간지럽고
목덜미 귀밑에 주름 늘고
눈은 자꾸만 게슴츠레
더는 버틸 수 있을런가

뱃고동 소리

생명처럼 내달았던 길
헐벗고 굶주린 이야기들이
어제처럼 주변에 널려 있다

찢긴 그물로 봄 건지는 어부
채우지 못해도 잊히는 세상
맨발로 섣달 언 땅 내리딛듯
겨울 길 알몸으로 떨고 있다

으스러지더라도
고꾸라지더라도
배고픔 채우러 들숨날숨
영주동 고갯길 기진맥진

육지로 막힌 뱃길 헤집는
뱃고동 소리
연탄가게 리어카 뒷바퀴
쇠살 사이로
힘들게 빠져나가고 있다

갯마을 선창

겨울이더라도
하늘이 푸른 날이면
그리운 사람이
마냥 기다려진다

늦은 오후라도
비 올 듯 구름이 짙어지면
그리운 사람이
그냥 보고 싶어진다

그 사이 세월 따라
그 사람을 잊고 있었더라도

산마루 눈 쌓이고
포구浦口가 비에 흠빽 젖으면
속절없이 어둠에 안기듯
뱃전에 부딪치는 숨결 소리

선창가 그 자리
아직도 그가 장승처럼 서 있네

그리움

그리움이란
문득 불현듯이
이른 아침 무표정한 도회지
근교에서 시작하는 걸까?

그게 아니라면
초가을 해 저무는 바닷가
허리 굽혀 어심漁心을 주어담는
아낙네 허리춤에 물든 노을인가?

그마저 아니라면
가랑비 내리는 산길 모퉁이 돌아
너럭바위 아래 후줄그레 젖은
그가 떠나버린 빈자리인가?

바닷길 달리기 1

동백섬 끝 바위에 부서져서 비켜선 검푸른 바닷길에는 햇볕의 흔적을 되새김하는 거친 숨소리가 남아 있다. 귀 막고 눈 감고 달려도 언제나 되돌아 앞서가는 이번 여름날 이별을 잊으려는 표정이 꿈틀거린다.

마저 사라지지 않고 남은 여름의 짠 내음 한 모금씩 삼킬 때마다 바람결로 바다가 끝없이 열린다. 널브러진 바다 위 멈춤과 달림이 뒤섞이다가 이정표 없는 길 다시 생기면 들숨과 날숨은 힘겹게 자주 엇갈린다.

바닷길 달리기 2

이음으로 하늘 위를 맞잡고, 떼어 내어 아래 바닷길을 가르는 광안 바다 이층다리. 두터운 세속을 헤집듯 어지럽게 널리는 후다닥 달음박질 소리. 밑 다리 이음새가 푸른 지옥의 이빨처럼 간간이 바지가랑이 물어 당긴다.

하늘과 바다가 하나로 어우러져 수시 무시로 넘나드는 밀물과 썰물. 거친 숨소리 따라 파도가 대들보에 감기듯 출렁이면 춤추는 다리가 뭍을 향한 그리움으로 발길을 돋운다. 어느덧 바다의 날갯짓에 다리도 덩달아 달린다.

섣달 바다

바다가 울어야만 했던
추억
바위가 잊어야만 하는
인연

못난 바다와 바위가
어울리던 외딴섬
해와 달
별과 바람
태양과 그림자

그이를 위해
그녀를 위해
되풀이하는 잊음을
되새김질하는 파도

섣달 그믐밤 넘겨서도
마저 끝마치지 못한 채
마련할 설날의 바다는
초록인가 파랑이런가

제3부

계절은 다니던 길이 아니면

치자꽃

고추잠자리의 오후

더 이상 말도 없이
뒤도 돌아보지 않고
첫사랑 그가 떠난 자리
풍성했기에 서러움 타는 들녘

마을 어귀 밭고랑 너머
퍼렇게 말라비틀어져
거추장스런 옷가지 벗어 놓고
둥글게 둥글게 호박들
누렇게 속내를 채운다

따사롭게 햇빛 받아
여름잠 주섬주섬 채우고
허수아비 모자 위
고추잠자리 한 마리
헐거워진 소맷자락까지
오며 가며 맴돌고

하모니카

늦여름 무더위가 진득이 담긴
해거름 골목을 접고 다시 접어
검붉게 노을빛 주택가로 파고들 때
귀갓길 어둑어둑 길게 열리네

어둠을 더듬는 구두 발자국 소리
전봇대 중간 녹슨 철띠에 매달려
꾸부정한 가로등 불빛이 하나둘씩
비탈길까지 멈칫멈칫 따라오네

피로에 찌든 모퉁이 돌아갈 즈음
아스라한 추억 되씹는 하모니카 소리
몽롱한 기억의 저편을 헤매고 있네

허공을 가르고 세월을 뭉개면서도
버려지지 않아 달라붙는 옛날의 흔적
헤어진 옷차림으로 나를 가로막는 듯
하모니카 불어주던 희미한 얼굴
가로등 그림자 아래 그 모습 숨기네

백무동 산나리

검붉은 반점이 사연이라면, 산허리에 쏟아져 내리는 오뉴월 햇살 속으로 지나가는 녹색 바람은 누구인가. 쓰러져 피맺힌 상처만 남긴 채, 시퍼런 분노 차갑게 식어 작은 못에 담기고, 옥빛 비수가 산을 베어버린 계곡에도 슬픔은 남아돈다. 소용돌이 아픔 내팽개치며 그녀가 전하는 폭풍우 이야기. 소리 높여 밤과 낮을 지워가지만, 해거름은 애써 발걸음을 머뭇거린다.

백무동 기슭 물길따라 이어질 듯 끊어질 듯 들려오는 님의 노래. 굽이굽이 흩어지고 부서져 앓는 소리로 사라지고, 한여름 더위에 타들어 가는 그녀의 갈증. 삭지 않는 울분에 휩싸여 나리나리 산나리 입술에 파묻힌다. 타다가 남은 울음이 풀숲 위 발돋움으로 주변을 응시하는 기다림, 지쳐 숨죽여 어금니 깨문다.

떠나고 스쳐가야 할 인연인가, 더는 붙잡아 둘 수 없는 아쉬움인가, 빛바래는 산나리의 전설인가. 온몸 가다듬어 푸른 물에 씻기는 그녀의 이야기. 이제 다시 억겁을 밝히는 아침. 다시는 만나볼 수 없는 그를 잊으려는 듯 산자락 바람결에 붉은 점박이 얼굴만 흔들린다.

은행나무

문창대 아래 둥그렇게 널린 길섶에
고독으로 살아온 은행나무 한 그루

겨울철 지나는 어느 메마른 봄날
아직도 시린 잔가지 남풍에 실려
산비탈 콧등까지 스미는 숨결로
그리움으로 포개다 지쳐갈 즈음

숨결 틔우는가 싶더니 어느새 앳된 얼굴
해맑은 미소 은행잎 사이로 번지는 동안
장마를 핑계 삼아 초록 치맛자락이 되어
여름날 나그네 끌어안고 옛님 지웠는가

잊어야 할 목마름이 무엇이었길래
폭염으로 다시 달구는 그리움으로
응어리 안고 살다 보면 가을일테지

들국화 향기 캠퍼스에 묻혀 갈팡거릴 때
파란 눈망울로 맺힌 하나하나의 애틋한
새김질로 매듭짓는 노란 나무 알맹인가

>

가을날 그 아래 무심코 걷는 학생들 사이로

밝은 웃음소리에 산기슭 시간 다시 멎는다

하지夏至 1

소델로*가 흔적을 남겨놓은
이천삼년 유월 스무날 정오
올해도 다시 반을 접는 하지
일제히 숨결 멈춘 낮 그림자

썰물이 내어놓은 부산항
출렁이는 바닷길 뱃고동
부지런한 숲속길 사람들
허둥대는 동래역 2번 출입구

녹색 바람이 후리치고
옥빛 비수가 쓸어놓은
금강공원 빈자리에 비로소
겉모습 드러내는 세상살이

다시 끝 모를 밀어로 채워지는
찐득한 낮 금정산 3망루 넘어
갈 길 잃은 붉은 해 쫓아
쉼 없이 안기는 안개꽃
>

남은 반 세월 맞이하는
짧은 마지막 여름밤 꿈
흙길 위 맨발바닥으로
채워야 할 사랑 이야기

* 태풍 이름

하지夏至 2

욕심 많은 하지는
모든 약속 저버리도록 살기 바빴지
몰래 낮 훔쳐 곳간 가득 쌓아두었지

홀로 집 떠난 동지冬至가 무소식 안부 전하고
산자락 진달래 화장한 얼굴처럼 낯설어
벌은 봄을 빼앗아 여염집으로 날아가고
초록 물결이 굽이쳐 물안개 만들 즈음엔
이웃 마을 친구 딸 혼례식에도 가봐야지

노란 살구는 봄날의 미련을 끊지 않으며
푸른 매화는 이별을 아쉬워하지 않으니
산딸기 유혹은 지나가는 객을 가리지 않는다
뻐꾸기가 산비둘기 보금자리 찾아들 때
텃밭 옥수수들이 바람결에 수런거렸지

하지는 핑계도 많다
뙤약볕 바닷가 마을회관 마당에서
어부는 한숨 쉬고 그물이 불타는 사이
아내는 마늘값 쥐고 농협 직원에게

막무가내로 대들며 싸움이 붙는다

밤꽃이 흐드러지게 뒷산 뒤덮고
갯벌의 어둠과 여명을 거슬러
절연의 언어로 침묵의 얼굴로
하지는 타향살이 떠나는 나그네인가

돌아눕는 가을

붉은 단풍잎
달림길 들꽃들
운동화 하얀 끈처럼

산골 재 넘어
가을밤 상현달
그리움 채워가듯이

졸졸 시냇물
바다로 강으로
막걸리 한 잔 따르듯 흐르면

비탈길 산마을
은하수 쉼터엔
만남도 이별도 없이

끙끙 앓다가 돌아눕는 가을

빈자리 만남

연초록 바람결 따라
흩어지는 솔 꽃가루

푸른 잔가지 사이로
파고든 햇살 아래
가려진 정적마저 부순다

잊혀져도 삭지 않은 채
퇴색되어 구겨진 미련
냇물 따라 흘러갈거나

밤나무 꽃향기 바구니 가득
춤추듯 보리밭 맴돌다가
산자락 오솔길에 뿌려진다

그늘도 없는 빈자리에
앞산 산새만 찾아든다

매미

훤칠한 키 눈썹까지 짙은
덩치 큰 주목朱木 그림자
작열灼熱하는 태양을 비켜

짜아–앙 매미 소리 가득 쏟아진다

머리 어깨 전신을 순식간에 휘감는
달구어진 여름 언어의 무차별 폭력

짜아–앙 매미 울음 마구 쏟아진다

정신 잃은 채 다리가 휘청거려
허리 꺾이고 코가 땅에 닿는다

명부冥府에서 아홉을 거듭난 운명
땅속 헤집듯 아귀처럼 달려드는 아우성
녹색 그늘 산산히 깨어지고
잘게 부서진 햇빛 파편처럼 흩어져
바람 지나는 길마저 가로막는다
>

삐쪼시 삐이쪼시
비루한 세상 향한 한 무더기 울부짖음
찌르르 찌이르르
타는 갈증 야속한 미련에 머리 처박고
구침口針에 당액糖液 담기는 동안
곁눈질 흘눈으로 남은 여름 붙들어맨다

환청幻聽 환시幻視의 달콤함도 잠시
눈물로 적시다 식은 분노 엉겨 붙어
수액마저 말라비틀어진 등껍질엔
속절없는 위로慰勞 뿌리로부터 전해진다

선 채로 굳어진 몸 다시 한번 변신 꿈꾼다

아지랑이 논두렁

겨울을 달려 지친 사내가
두 손바닥으로 내놓는 봄
회색빛 산기슭 열리기 전
남몰래 피어나는 진달래

밝고 화사한 눈웃음으로
아침 햇살을 끌어안는다

으깨지고 찢기는 아픔 안고
상처가 아물기 어렵게시리
아지랑이 피는 논두렁 따라
따스한 낮잠 즐기는 이른 봄

고향의 들녘은 외롭기만 하다

외톨이 사내

쉼 없던 봄비가
홀몸으로 나들이 할 때면

아낙의 사내는
가을 겨울을 지나 봄날에
누굴 기다리나

금강공원 벤치 끝
홀로 걸터앉아 짙은 안개
빈 곳 채우는 사이

석상처럼 비에 젖은
몸뚱이는 휘청거리기만 한다

계절의 배반

계절은 걸었던 길이 아니면 가지 않는가

겨울은 봄을 끝없이 기다렸지만
초봄은 그를 사랑하지 않는가 보다
둘이서 함께 있는 시간이 짧았기에
겨울은 소리 없이 무너져 내린다

봄날은 여름을 한없이 기다렸지만
여름은 봄을 받아들이지 못하고
봄은 겨울의 흔적을 감추고 감추려
녹은 겨울을 묻고 또 묻는다

가끔 눈을 남몰래 껌뻑거리지만
계절은 할 말을 늘 적어서 다니니

준비된 말이 아니면
아무런 대답도 하지 않았지

여름은 겨울을 쉼 없이 갈망했지만
가을 때문에 닿을 수 없는 걸까

그는 미안한 듯 곧 사라졌고
아무런 원망도 하지 않는다

가을이 목욕탕 굴뚝에 걸어놓은 계단을 밟고
여름이 겨울의 척추뼈를 하나씩 세는 동안
거리에 선홍빛 조화들이 가득 피어나고
그녀가 꽃을 건드리자 벌들이 튀어나온다

계절은 다니던 길이 아니면 오지 않는가

고사목枯死木 1

녹색 물결이 일렁거릴 쯤
삼도봉 지나 장터목 너머
이어 굽어진 길 따라
소나무 잣나무 침엽수
드문드문 고사목 한둘

죽을 힘 써가며 버티었던가
꽃같은 명세로 견디었던가
허우적거리는 몸 비바람에 쓸리고
서북쪽 산허리 가로질러서
임도林道가 흙빛으로 밤을 지키네

깊은 계곡 산그늘 끌어안고
무시간성으로 빠져들 즈음
사랑했던 님들은 떠나만 갔지

모처럼 몸치장 산장
햇살은 촛대봉 비켜
산그림자 벗 삼아
주막집 중산리로 쏟아져 내달리네

>

함께 떠난 빈자리

홀로 지킨 빈자리

고사목枯死木 2

푸름은 여름을 어우르고
가을은 이별을 멀리하니
겨울이 봄날과 바람피우는 사이에도
벌거벗어 볼품없는 몸통으로
어쩌지 못하는 만남 아니든가

낮잠 조는 종달새
둥지를 뒤척이고
싸리꽃 향기 가득 쓸어 담는
가랑잎 초등학교 유평마을
물길 거스르듯 내달는 젊음

땀범벅 소금끼 하얀 얼굴에
주름투성이 맨손 맨발바닥

유월의 지리산 품은
꿈꾸듯 꿈틀거리는 등줄기
푸르디 푸른 그리움마저
뭉게고 뭉긴 옛사랑일까
>

두고 만날 님인가
두고 떠날 님인가

동지섣달

동지는 어둠을 포개어
금정산 구서동 기슭에
내동댕이쳤을까

3망루 파숫꾼
부릅뜬 눈길을 벗어나
밤새 나뒹굴었을까

놋정 바위 샘물 한 바가지
길게 쭈욱 들이키고
자투리 오후 햇볕에 들켜
되돌아 누울 곳 없어

헝클어뜨린 두 팔로
나무라듯 웃음짓는
옻나무 한숨 때문일까

게으른 청설모가
서두르는 귀갓길

산중턱 모퉁이 돌아

설달을 불러본다

동지冬至

올여름 짙은 발그림자
사라진 돌담 모퉁이에
햇볕 따라 양지로 모여

옹기종기 저희들끼리
도란도란 못다한 추억
바닷가 파도 이야기들

한 줌으로 남은 늦가을날
따스한 햇볕마저 거두어
동지로 가던 나그네 걸음
손에 잡히는 올해 끝자락

거두어들인 만큼 조금씩
베풀어야 할 나머지 겨울
얼어붙은 해거름녘 지나
옛사랑 곶감을 챙기려나

겨울산

시작도 맺음도 알 수 없는 임도林道
낙엽에 묻혔다가
잠결에 삐져나온 허리띠 오솔길
동지밤 지샌 그가 몰래 숨겨 놓은

새록새록 질긴 그리움 안고
계절의 욕망을 채워가지만
비우고 메우고 버림받는 너는

벌거벗어 허벅지 속살을 드러낸 채
깨문 입술 멍한 눈동자로 노을처럼
사연을 얽매어 가는 겨울산

짧은 해 들판을 성큼성큼 건너뛰어
머물다가 추위에 온몸 떠는 추억들
단풍 닮은 하루의 허무를 깨우치려
차곡차곡 빈 술잔으로 빈자리 채우는 너

제4부

끝 모를 달음박질 길

가랑잎 달리기

수직으로 여름밤 적막을 채우는 빗줄기
손전등 불빛이 계곡에 비치다 사라지면
분노처럼 내달아 발끝에 쌓이는 피로
어깨 위 등줄기로 차가운 빗물이 되어
지친 육신에 스멀거린다

고단한 아침이 다그치며 산새를 깨우고
젖어 매혹한 소나무에 안개비가 안길 적마다
유평 마을 가랑잎 맨발들은 쉼터를 떠나갔다

이제 긴 세월을 이고 벌거벗은 몸으로
되돌아와 그 자리에서 울고 있다

울다가 지쳐 달리면 쓰라린 미련만 남을 뿐
달리다 지치지 않으려면 봄빛을 쓸어 담아
맑은 가을을 기다려야지

달리고 달려도 끝이 없는 길
여린 나뭇가지 눈 쌓인 두류산 끄트머리에
시작되는 외로운 아픔이 있을까

>

다시 눈망울 또렷한 은빛 피리가 되어
계곡 거슬려 저항하는 힘찬 몸짓으로
때론 곤두박질하는 물길 되받아 나는 듯
헐거운 가랑잎 되도록 달려 볼 수 있을런가

마라톤 신발

닳고 낡아 해진
남편의 마라톤 신발 속에는
까맣게 퍼렇게 빠진 발톱이
하나 두울 세엣

지난해 가을 겨울 지나
올여름에도 들어 있네

내동댕이치려다가
살며시 발꼬락 냄새 맡는
엄마의 찡그린 얼굴 너머

물끄러미 쳐다보는
다섯 살 아들 녀석
똘망똘망 두 눈망울에

아빠 발가락이 꿈틀거리네

달리기 적은 달리기

저만치 달려가는 뒷모습이 물안개 닮았나
안개가 스스로 몸을 밀쳐 길 하나 만드니
달리기 사랑은 담박질인가
달리기 적은 달음박질인가

날카로운 눈끝으로 길 저며놓고
어느새 흔적마저 뭉개는 발자국
뜀박질은 이음새가 없고
뜀박질은 마무새가 없지

지척과 천리 밖이 하나로 닿아있으니
무한으로 치닫는 기척 몸으로 느끼며
밤잠은 여지없이 달리기에 시달리니
담박질 길은 항상 낯설었고
담박질 길은 늘 싱그러웠지

수줍은 산천어처럼 그의 품을 파고드니
푸른 띠를 이룬 물결이 나를 에워싸네
이윽고 물살을 가르고 헤쳐가야 할 때
물결을 받아 안고 내치며 깊숙이 들여마시면

허파에 스미는 님의 숨결은 비릿하고 뜨거웠지

늦더위 바람결 수수밭처럼 수런거릴 때마다
형체 모를 그리움이 부풀어 겨드랑이 적시고
허벅지로 뒤채는 발길은 밤새 허우적거린다

그는 달린다

아무도 찾아갈 수 없는 길
그는 달린다
누구도 찾아올 수 없는 곳

몰래 달리는 꽃내 마을 저편
보리밭 녹색 물결 너울너울
땀방울 훔치며 구름길 따라
노랑나비 한 마리 나풀나풀

햇볕 부서지는 갯가 돌담 아래
늦여름 파도 부서지며
투다닥 발자국 소리들
썰물 따라 게걸음 자국 남기네

그가 잠시 머물렀던 들녘
황금빛 가을마저 외로움일까
논두렁 돌아 밭고랑 끄트머리

그를 기다려 섣달 초나흘 하염없이
쏟아지는 눈보라 밤길 지우고

혼미한 기억 속 울타리 닫히고

외딴 오두막집 안방에 군불 지피면
개울 건너 앞산 부엉이 울도록
밤새 어둠을 뒤적거리는 신음소리

이제 더 이상 달리지 않는다
늘 갔던 길도 보이지 않는다

달음박질

겨울은
바다가 잘 보이고
산은 하얀 속살을
비로소 드러낸다

더불어 노을진 개울 건너
산허리 휘돌아 달려갈 때
붉은 욕망의 덫 나래에
얼마 동안 사로잡혀서

하나 두울 모여 여럿이
걸어보지 못한 길 한없이
앞가슴 풀어 헤쳐 나가는
달림이와 달림니*

기어가듯 걸어가듯
달리다가 멈추다가
선 채로 드러눕고 싶어라

그들만 반겨주는 겨울 나라

몸부림치며 발가벗은 모습
허리까지 되감는 팔꿈치로

뒤틀다 동지섣달 긴 밤이라서
쌓아서 부수는 만리장성 얘기

* '달림니'는 '여자 달림이'로 이름해 본다.

해맑은 미소

이른 아침 초가을 햇살 한 움큼씩
베어 물고 후두둑 동백섬 돌고 돌아
달음박질로 소문난 놈이 광안리 해변
지날 땐 백사장 파도도 잠시 멈춰선다

이기대 언덕배기 신선대 산마루터기
서로 질투하는 사이 얼굴 토닥거리는
비바람에 묻혀서 거칠어진 입김으로
지난 여름 아린 사연 헉헉 토해낸다

오륙도 지나 절벽 비켜선 사타구니 아래
딩기dinghy 요트 하나 긴 항해를 접으니
미끄러지듯 두 다리가 엇갈릴 때마다
뼛속까지 쏟아지는 피로가 물밀듯이

체념諦念이 외로움을 달래는 동안
다시는 오지 않을 님처럼 떠났지만
저 멀리 점점 가까이 다가서는 얼굴
눈물 비치는 해맑은 금빛 미소

달리는 속마음

달려가다가
힘이 들어서
그냥 주저앉고 싶은 마음이지만

선동 마을길
널려진 아픔
겨울 이겨낸 미나리 생각해야지

무거운 발길
헤칠 때마다
인생살이 쓸어안고 뛰는 것이지

달려가다가
힘이 빠지면
느긋하게 쉬어가고 싶은 속마음을
누가 알랴?

밤 달리기 1

이 밤중에 대체 누구일까. 모두가 한 가닥씩 까만 밤을 떼어낸다. 다시 밤을 가로 세로 아무렇게나 매듭짓고 풀고 발길질로 엮어가는 그들은 누구인가.

작은 호롱불 하나 고라니 집에 켜지면서 숲속은 시끄러워진다. 투벅투벅 어지럽게 토해내는 거친 발자국 숨소리 편백림을 지나 옆 동네 박달나무 둥줄기에 부딪치면 까치 아이가 엄마를 깨우고 아빠는 두리번두리번 고개 내민다. 보리암으로 급히 달려간 다람쥐는 불 밝힌 법당 홀로 남은 스님의 뒷모습만 바라본다. 산신각 촛불 애써 외면한 채 밤잠 설친 금산 바위들마저 마침내 억겁의 침묵을 깨고 두런두런 불경소리 되뇌인다.

뒤바뀐 밤하늘 은하수가 산줄기 헤집어 길 만들고 바람결에 들뜬 산길이 동화의 세계로 나아간다. 오랜만의 나들이 별나라 가족은 꿈꾸듯 내산 저수지 봉화 삼거리 노리목 마을 앞 지나 밤바다로 달린다. 오작교가 섬과 하늘을 잇고 견우와 직녀가 해마다 남몰래 아이를 낳는 세속의 일 년과 천상의 하루, 망각의 바다엔 시간이 멈춘다. 어부가 신선처럼 바위섬 전설을 은하에 잠기게 하면 말없이 한여름밤 산은 골바람과 더불어 가을을 챙긴다.

밤 달리기 2

이 밤중에 대체 누구일까. 모두가 한 움큼씩 까만 밤을 베어 문다. 다시 밤을 가로 세로 아무렇게나 뱉고 삼키고 발길질로 되새김질하는 그들은 누구인가.

산 중턱 모퉁이마다 돌아내치는 겨드랑이 아래 어깨너머 저 멀리 땀에 젖은 삼천포 항구가 아물거리고 벌어진 사타구니 사이로 올망졸망 남해의 섬들이 출렁인다. 삼림길 곳곳에 뿌려놓은 별자리 이정표 따라가는 분주한 뜀박질, 가슴팍으로 밀려드는 어둠을 밀치고 전망대 오르면 하늘나라 골짜기 아래로 흩어지는 밤. 일그러진 아픔처럼 일상을 어루만지다가 긴 이별을 낳는다.

아직도 길 헤매는 부엉이 짝 잃은 소쩍새 내버려두고 밤을 치댄 달림이들의 몸에는 크고 작은 별빛이 박혀있다. 되돌아 다다른 비자나무 울타리 길목에 서서 두 눈 꼬옥 감기엔 영롱한 별들의 눈동자가 너무 서럽다. 칠흑의 밤길에는 여전히 밤이 보이지 않는다.

허상

달린다 쉼 없이
끝을 모르는 달음박질 길
굽이굽이 돌아
외로움과 고독을
잊을 수 있었다
그렇게
그는

그처럼 쉼 없이
혼자라는 또 다른 허상을
지우고 채우듯
무감각한 맨발로
달려야만 한다
이렇게
나는

해월달* 1

바람둥이 해운대 어둔 밤
한 꺼풀씩 걷어 내어
파도에 덧포개는 달림니

발길로 하염없이 내치며
모퉁이 돌아 동백섬
가쁜 숨소리 들킨 달림이

입안 가득 미역 머금고
갯바위 널찍한 빈터엔
벗어 가지런히 신발 두 켤레

아직은 아득한 새벽녘
겹겹이 안개 치마폭에
파묻혀 사라지는 파도소리

* '해운대 월요일 달리기'의 준말

해월달 2

구덕포 돌아 모서리 옆
철길 지나치는 달림길

갯마을 미포 밤 바닷길마저
부수고 지우는 발자욱 소리

가로등 물빛 들이키고
허벅지 목덜미 입안엔
모래가 서걱서걱
짠물이 쩌억쩌억

게걸음으로 백사장
달래는 바람둥이
얄미운 밀물 썰물

달림이 아내

얼어붙은 땅 맨발로 내달아 멀리
품을 떠난 사내 겨울 해 갉아먹듯
마른 솔가지 바람결 안개 내리듯
디딘 자국마다 꽃길 봄비 고이고
젖어 흠뻑 잊혀진 몸뚱이 붙들어

낙엽으로 치장한 늦가을 산기슭
돌고 돌아 담박질 파수꾼 부엉이
만남을 불 지피는 현관문 백열등
졸음 곱씹고 내뱉어 단내나도록
꼭두새벽 남몰래 아내 밤 달리기

치자꽃 덤불 속 잠에 취한 호랑나비
서리 받잡고 이슬 머금어 회색 머리
흙 묻은 사내 발가락 여섯 꼬리 하나 생긴다

42.195km-42,195km

맵고 쓰린 되새김으로
홱 돌아 팽개치듯 매정스레 떠나는 놈
걷다가 뛰다가 달리다 걸어가는
잡힐듯 멀어지는 먼천달* 신기루
지치고 아린 발 쉰 냄새에도
아련한 눈빛으로 얼무버려 허리 굽힌 허기
톳나물 이겨진 두부에 묻혀 비집고 내민
철 지난 봄 보조개
가엾은 이른 오후의 햇살로
짬을 마련해 보려나
그래도 스친 분노처럼 입안에
고여 침 속으로 파고드는 씁쓸한 입맛
허공으로 치닫는 허탈이여!

* '먼거리 천천히 달리기'의 준말

태풍 '매미'

1.

44년 동안 변신을 거듭한 '사라'가 '매미'로 환생하여 우리 앞에 나타난 모습은 루사도 셀마도 소델로*도 아니다. 아니지. 그 형상은 차라리 잊혀진 자의 울분처럼 끊임없이 제 목소리를 달리하는 비정한 몸부림이다. 일상의 고독을 안고 세상을 등지는 구도자의 심술을 여지없이 보여주는 은둔자의 솔직한 폭력. 그가 사랑했던 사람은 대체 누구인가.

2.

광란의 바다가 뒤집힌 채 흰 배를 드러내고, 범람하는 강물이 세상의 찌꺼기를 토해내면, 하늘을 쪼개는 날카로운 바람은 매섭게 솔숲을 다그친다. 가차없이 숨돌릴 겨를마저 빼앗는 할퀨은 지쳐 찢긴 육신으로 한순간 지상에 남고, 부서져 형체를 알아볼 수 없는 몰골로 채워놓은 숲길에 남은 여름을 붙들고 우는 매미는 '매미'를 미워하지 않는다.

>

3.

뿌리가 하늘을 향해 드러누운 푸르디 푸른 소나무, 뒤바뀐 세상에서 윤회의 삶을 단절하려는 매앰-맴 매미 이젠 돌아갈 고향 잃은 나그네. 물소리 새소리 바람소리 꺾어진 솔가지가 햇빛을 안으면, 터진 구름 사이로 가을이 내린다. 땅속 전설이 빛에 바래고, 이내 붉은 단풍이 사랑했던 사람을 빼앗아가더라도 달림길 달림이를 매미는 기다리고 있다.

잊음과 잃음 사이에서 폭력과 사랑을 노래하듯 매미는 운명처럼 새롭게 인생길 달림길을 열어가는 여름날 달림의 언어이다.

* '사라' '매미' '루사' '셀마' '소델로'는 2000년 초 우리나라를 지나간 태풍의 이름

꽃댕기

쉶은 가을을 비켜선
밝은 호수 끄트머리
붉게 손 뻗치는 여린 단풍

손짓마다 흩어져 뜨락으로
우루루 가을빛 맑은 눈망울

낙엽만 수북히 담기는 소쿠리
때묻은 색동저고리 소녀
하얀 목덜미 까만 머리 동여맨
붉은 꽃댕기 나비 하나

토라진 얼굴로 달려가는
뒷모습 저 멀리 혼자라서
산자락 부여잡는 달림니

달려야지

세월은 흘러가고
세상은 헐벗었는데
나는 달려야지

아이는 자라오고
어른은 늙어가는데
우린 달려야지

새벽 지나 붉은 해가
떠오르고
단풍든 가을달마저
떠나는데

달리지 않으면
나는 무엇을 할 것인가
달리다 멈추면
너는 무엇을 할 것인가

마라톤 모자

반듯한 모습으로
깊게 눌러쓴 아내의 마라톤 모자
하얀 무명 끈으로
동여맨 목덜미 위 까만 머리 댕기

호수가 내려다보이는
널편한 바위를 끼고 돌아갈 때나
빈 들녘 산기슭 흙길 따라
바람처럼 스치듯 지나칠 때에도

사뿐사뿐 나비가 되어 나르네

어촌의 현실 체험에서 생성된 시편

_김광규(시인)

우리나라의 전 국토가 도시화되고 자동차와 고층 아파트로 뒤덮이면서, 전통적인 농어촌 풍경도 자취를 감추게 되었다. 아마 50대쯤은 되어야 옛날 모습을 어렴풋이 기억할 것이다.

여기 새 얼굴을 보이는 이상금 씨는 어촌과 항도에 대한 기억과 회상 속에서 지난날의 정서를 되살려낸다. 그의 작품은 바다를 삶의 터전으로 살아왔던 유소년 시절의 체험이 바탕을 이루고 있다.

「어부의 나라에도 비가 내린다」는 바닷가에서 이어가는 질박한 삶의 근본 구도를 보여준다. 육지에서 바다를, 바다에서 육지를 바라보며 살아가는 어민들에게는 만남과 헤어짐의 장소도 기차역이나 버스 정류장이 아니라 바닷가 선착장이다. "방파제 등대만 알 수 있는/ 밑바닥 티끌같은 이야기"가 작품마다 스며 있다. 「도다리 가족」과 「아버지의 아버지」는 가난한 어촌에서 대를 이어 살아가는 어민의 일상 생업과 가족사를 담고 있다. 「고추잠자리의 오후」에는 첫사랑의 미련이, 「하모니카」에는 '아스라한 추억의 저편'에서 들려오는 소리가 포착된다. 지식인의 교양 체험이 아니라 평범한 어민 가족의 현실 체험이 주조를 이루는 이러한 작품들은 난해한 언어가 난무하는 동시대의 부박한 유행을 넘어서고 있다.

이상금 씨는 이미 비평가로서 문학 활동을 해 왔다. 문학비평이 이미 발표된 작품을 대상으로 한다면, 창작은 새로운 대상을 스스로 만들어내는 작업이라 할 수 있다. 존재하지 않는 대상을 만들어내는 창조적 작업은 기존의 대상을 비판하는 일보다 어렵다. 이 힘든 도전을 스스로 선택한 이 시인의 용기 있는 결단에 박수를 보낸다.

그러나 비평가의 명쾌한 논리적 진술을 억제하고 시인의 감성적 형상화 작업을 지속하려면, 때로는 의도적인 말더듬기도 서슴지 말아야 한다. 1인 2역의 글쓰기는 화려해 보이지만, 숨겨진 고뇌 또한 없지 않으리라 생각된다. 비평과 창작의 길항적 대립을 슬기롭게 극복하고, 앞으로 자기의 독자적인 시세계를 구축해 나가길 바란다.

_ 김광규 시인

(2014년 ≪시와시학≫ 봄호 신인상 심사평)

봄 도다리

1판 1쇄 펴낸날 2026년 2월 10일

지은이 이상금
펴낸이 서정원
펴낸곳 도서출판 전망
주소 48931 부산광역시 중구 해관로 55(201호)
전화 051) 466-2006
팩스 051) 441-4445
이메일 w441@chol.com
출판등록 제1992-000005호

ISBN 978-89-7973-661-8
값 12,000원